pédagogie
de la
maternelle

*1001 idées pour la classe*



# des enfants autonomes

**Françoise Guillaumond**
Professeur des écoles

**avec Christiane Filleul et Virginie Sultan**
Directrices d'école maternelle

**et Sylvia Dorance**
coordinatrice

www.magnard.fr

Achevé d'imprimer en janvier 2004 par TREFLE COMMUNICATION - PARIS
Dépôt légal : juin 2002 – N° éditeur : 2004/050
N° d'imprimeur : 6370



*Imprimé en France*

## Sommaire

## Préalables

Cet ouvrage décline plusieurs situations de départ qui ont pour but d'aider l'enfant à conquérir son autonomie en acquérant de nouveaux savoirs et savoir-faire.
Car l'autonomie ne s'enseigne pas. Il s'agit donc de multiplier les conditions favorables à sa construction en prenant en compte l'âge des enfants et leurs différents comportements.

## Pourquoi favoriser l'autonomie ?

L'autonomie est une acquisition fondamentale qui va forger la personnalité du petit enfant et du futur adulte. C'est la base du sens des responsabilités, de la confiance en soi, de l'inventivité et du civisme.
L'enfant autonome est un enfant débrouillard capable d'affronter les difficultés qui se présentent sur son chemin. Il peut les assumer et rebondir face aux obstacles.
Et puis, si l'autonomie est bonne pour lui, elle est aussi bonne pour vous. Organiser l'autonomie dans votre classe vous soulagera grandement, surtout si votre effectif est important, et vous permettra d'être plus à même de mettre en place une pédagogie différenciée.

## L'autonomie, oui, mais à quel âge ?

On peut favoriser l'autonomie des enfants dès leur plus jeune âge. L'entrée à l'école est souvent un moment fondamental pour le petit enfant dans son avancée dans le monde. C'est un premier pas vers la conquête de son indépendance, que vous allez accompagner.

## L'autonomie ne s'enseigne pas, elle s'organise

Organiser l'autonomie, c'est systématiser la mise en place de situations dans lesquelles l'enfant, de la petite à la grande section, agit seul (ou en petits groupes) dans une collectivité. Pour l'aider, il est indispensable de penser l'organisation de la classe et de l'école en mettant toujours l'enfant au centre de ce dispositif.

Chaque consigne donnée par l'adulte doit être clairement énoncée. L'enseignant doit faire preuve d'une grande rigueur dans le respect de l'organisation choisie. Il doit aussi travailler à « s'effacer » de plus en plus au cours de l'année pour que les enfants prennent en charge les projets de la classe avec son aide.

L'enfant autonome peut alors devenir l'acteur de ses apprentissages. Pour qu'il le devienne, il est donc important de lui donner très tôt l'habitude de faire des choix, de les argumenter, de façon à développer son esprit critique et l'indépendance de son jugement.

Favoriser l'apprentissage de l'autonomie, c'est aussi mettre en place de façon systématique le « tutorat ». L'adulte n'est plus la seule personne ressource de la classe, les enfants, tour à tour, peuvent aussi aider leurs camarades.

## Comment favoriser l'autonomie ?

Dès le début d'année, il est important que vous demandiez aux parents de favoriser l'autonomie de leur enfant. Par exemple, en choisissant pour lui des vêtements faciles à mettre et à enlever seul (pas de lacets pour les plus petits, ni de bretelles, de boutons, de gants à cinq doigts : vive les élastiques et les moufles !).

L'habillage et le déshabillage, le passage aux toilettes, le moment de la sieste (coucher et réveil) sont des temps importants en début d'année. Pensez à valoriser les efforts des enfants pour s'habiller et se déshabiller seuls. Que ces temps soient des moments d'échanges privilégiés où l'entraide (adulte / enfants, mais aussi enfants / enfants) est favorisée. En petite section, il est parfois nécessaire de « perdre » du temps en début d'année, en laissant les enfants mettre au point différentes stratégies d'habillage et de déshabillage que vous repérez et pointez en grand groupe ensuite.

Les activités en classe jouent aussi un rôle essentiel dans l'acquisition de l'autonomie. Le tableau des présences doit, par exemple, être accessible aux enfants et facilement manipulable. Même chose pour l'inscription à la cantine, le tableau du goûter, la mise en place de la date. Pensez à organiser ces rituels de façon à ce qu'ils puissent avoir lieu sans votre aide (étiquettes accessibles, mots ressources à portée des yeux des enfants, etc.).

Dans la classe, il est également important de penser le rangement du matériel et l'organisation des différents coins de façon à favoriser l'autonomie des enfants. Les jeux et outils indispensables pour les activités quotidiennes seront stockés sur des étagères basses. Les enfants doivent avoir facilement accès au matériel nécessaire aux activités d'apprentissage. De la même façon, ils pourront ensuite ranger ce matériel eux-mêmes pour le retrouver le lendemain.

## Un apprentissage en douceur

Favoriser l'autonomie, c'est élargir progressivement l'univers de l'enfant ; l'espace « géographique » dans lequel il évolue et le nombre d'actions qu'il peut entreprendre seul. Tout cela ne peut être mis en place qu'à partir d'un cadre commode et rassurant qui donne confiance à l'enfant. Cela doit aussi se faire à un rythme qui lui permette une appropriation sereine.

## Principe

Organiser la classe (et l'école dans la mesure du possible) de la façon la plus propice à la mise en place rapide et efficace d'une plus grande autonomie pour les enfants.

## Travail préparatoire

Pensez à l'organisation matérielle qui vous paraît la plus commode pour enseigner et pour faciliter l'autonomie des enfants. Pour cela, investissez l'espace de la classe.
N'hésitez pas à bouger les meubles, à tenter différentes dispositions en listant ce qui manque à chaque fois et en réfléchissant aux déplacements des enfants dans la classe à l'occasion de chaque activité. Le principe de base est le suivant : le matériel nécessaire à l'activité doit être placé à proximité de l'endroit où il sera utilisé.
C'est évidemment un travail à long terme.
Petit à petit, au moment des commandes, vous améliorerez l'environnement : achat de pots qui ne se vident pas quand ils se renversent, bacs tiroirs à roulettes facilement utilisables par les enfants, etc.
Pensez et préparez l'étiquetage. Pour cela, fabriquez des vignettes à coller sur les tiroirs de rangement des différents coins (pictos, photos découpées dans les catalogues de matériel et collées sur du papier cartonné puis plastifiées).

### Points forts

**Cela permet d'optimiser votre enseignement et de limiter le nombre des problèmes à gérer à chaud (organisationnels et relationnels).**

**Les enfants sont partie prenante de leur apprentissage.**

**Ils ont prise sur le cadre dans lequel ils évoluent.**

**La cohésion du groupe et la prise en compte de tous les avis sont favorisées.**

**Les échanges constructifs se multiplient.**

**C'est une excellente activité de langage.**

## Déroulement

### 1. Organisation des coins d'activités

Pensez à suivre certaines règles de base.
Par exemple, le point d'eau se trouvera près de l'atelier peinture, le coin regroupement face à un panneau d'affichage, le coin graphisme dans un endroit bien éclairé (outils scripteurs et feuilles à disposition), l'atelier de musique loin du coin bibliothèque, les espaces calmes loin des espaces bruyants...

Au moment de l'accueil proposez une organisation simple : quatre ateliers fixes pouvant accueillir six enfants chacun (par exemple : dessin libre, pâte à modeler, découpage / collage, jeux mathématiques) ; plus la bibliothèque, le coin cuisine, le coin jeux de construction...
La nature de ces coins peut évoluer au fil de l'année mais l'organisation de base ne changera pas.
Les enfants doivent bien repérer ces coins et connaître l'activité qu'on y mène. Le but est d'arriver le plus vite possible (au bout d'un trimestre environ) à ce que les enfants puissent organiser leur temps libre tout seuls.
Utilisez ce cadre très précis comme norme rassurante et fixe.

N'hésitez pas à expliquer et à réexpliquer cette organisation tant que les enfants ne l'ont pas complètement enregistrée. Ensuite, il sera toujours possible de s'écarter parfois de la norme, mais on précisera alors pourquoi.

Dans toute cette organisation, pensez à mettre en place de la même façon le rangement des différents coins.
Lorsque les rangements sont bien intégrés, les enfants vont chercher eux-mêmes au bon endroit le bon outil dont ils ont besoin.

## 2. Ranger pour s'y retrouver

Expliquez à chaque fois les raisons de l'organisation que vous avez choisie. Par exemple, si l'on range les doudous toujours au même endroit, c'est pour que chacun retrouve facilement le sien. Il ne s'agit pas de manie du rangement mais de règles pour faciliter la vie de chacun au sein du groupe.

## 3. Etiquetage et identification

**Exemple pour la classe des petits :**
Pour faciliter le rangement des feutres (difficile dans les pochettes), remplacer les pochettes par des pots. Sur chaque feutre d'un jeu complet (le rouge, le jaune, le vert, le bleu, etc.), coller une gommette de couleur identique (par exemple, toujours verte). Il y aura donc dix ou douze feutres portant une gommette de couleur identique à ranger dans un pot et constituant une gamme complète. Cela évitera qu'il y ait deux feutres jaunes dans un pot et aucun dans un autre.

**Exemple pour la classe des grands :**
Le nom des objets à ranger fait son apparition à côté des gommettes de repérage qui disparaissent progressivement.

## 4. Des rangements particuliers

**Ranger la bibliothèque**
Faites une photocopie de la couverture de chaque livre que vous collerez à plat sur les présentoirs.

**Ranger les outils de bricolage**
(ou instruments de musique ou de cuisine). Collez la silhouette dessinée sur le support.

**Ranger les étiquettes des activités repères**
Prévoyez des boîtes facilement identifiables pour ranger les étiquettes « absent », « présent », « cantine », « service », « collation » et les étiquettes des prénoms.

**Ranger les travaux des enfants**

Prévoyez des casiers avec les prénoms des enfants fixés dessus (pour les plus petits, on commence par leur photo).
A l'intérieur de chaque casier, placez des étiquettes modèles pour écrire son prénom (classe de moyens et de grands) ou des étiquettes marquées du prénom, à coller sur son travail.
Prévoyez en plus un casier pour les travaux à terminer (ce casier peut être collectif, les enfants vont y chercher leurs travaux en cours).

Attention encore une fois, il ne s'agit pas de tomber dans la manie du rangement.
Tous les rangements doivent avoir une utilité !

## 5. L'organisation évolue

Il s'agit d'organiser un moment de dialogue avec les enfants.

Au bout d'un trimestre, par exemple, demandez-leur ce qu'ils pensent de cette organisation.
Que pourrait-on améliorer ? Pourquoi ?
Les aménagements et améliorations se font alors en commun.

**Prolongements et variantes**

Un matin, quelqu'un a fait une farce : il a tout dérangé (feutres dans le casier à couverts de la dînette, pinceau dans le pot à feutres...).
Il s'agit de retrouver la bonne place pour chacun de ces objets !

## Principe

Mettre en place un système de repérage et de gestion autonome des activités. Les enfants organisent leur travail dans le cadre d'un contrat et selon un calendrier déterminé.

## Travail préparatoire

Découpez quatre nuages de couleurs différentes. Chacun sera le panneau de signalisation d'un atelier. Choisissez les couleurs correspondant aux gommettes que l'on trouve le plus fréquemment (commandez les gommettes en question en grande quantité).
Collez sur chaque nuage le nombre de morceaux d'autogrippant correspondant aux places disponibles dans l'atelier. Les enfants viendront appliquer leur étiquette prénom sur l'autogrippant.
Préparez un jeu d'étiquettes-prénoms munies d'autogrippant au verso.
Suspendez chaque nuage au-dessus d'un atelier à l'aide d'un grand élastique.
Créez le tableau de gestion des activités : en première colonne, mettez le prénom des enfants ; en deuxième colonne, des cases vides où les enfants viendront coller les quatre gommettes de leurs ateliers de la semaine.
Créez ensuite le tableau de présentation des activités à réaliser dans les ateliers : tableau de quatre grandes cases ; chacune portant un petit nuage de la couleur de l'atelier correspondant.

### Points forts

**L'enfant devient acteur de ses apprentissages : c'est lui qui choisit et accepte son contrat.**

**L'enfant apprend à respecter un calendrier.**

**C'est un travail de repérage dans l'espace grâce à des codes.**

**C'est aussi un travail de repérage dans le temps (anticipation, matérialisation de ce qui a déjà été fait et de ce qui reste à faire).**

**Cela développe la responsabilité individuelle.**

**L'enfant apprend à faire des choix.**

**L'échec est dédramatisé (c'est en faisant des erreurs que l'on apprend).**

**La visualisation facilite pour chacun le contrôle de son propre travail.**

## Déroulement

**1.** En début de semaine, vous présentez les quatre ateliers à la classe. Vous affichez les quatre activités correspondantes sur le tableau de présentation. Par exemple, une couronne sur la case du nuage rose (atelier collage), un exercice de graphisme sur la case du nuage bleu, etc. Variante : Le lundi n'est pas forcément le meilleur jour pour démarrer un cycle d'ateliers. Vous pouvez aussi choisir de démarrer votre cycle de quatre ateliers le jeudi en fonction du rythme de vie et de la fatigabilité de vos élèves.

**2.** Provoquez un dialogue. Les enfants peuvent essayer de deviner quelle sera la consigne pour chacun des ateliers. Reprécisez ensuite la consigne et donnez des explications si nécessaire.

**3.** Chaque enfant va appliquer son étiquette-prénom sur le nuage de l'atelier qu'il choisit pour la matinée. Si le nuage est déjà complet, il choisit un autre atelier où il reste encore de la place. Il aura de toute façon l'occasion de faire les quatre ateliers.

**4.** Une fois le travail effectué, l'enfant colle une vignette de la bonne couleur sur le tableau de gestion des activités en face de son prénom.

**5.** À la fin de la semaine, les quatre couleurs des ateliers doivent être présentes en face de chaque prénom. Si ce n'est pas le cas, dédramatisez puis, avec l'enfant, cherchez à comprendre ce qui s'est passé. En fin de semaine prévoyez un temps d'évaluation des différents ateliers mis en place. Quelles erreurs, si erreurs il y a eu ? Repérage, reformulation, etc.

### Prolongements et variantes

Pour les plus grands, vous pouvez prévoir un tableau de gestion sur plusieurs semaines avec, non plus une, mais trois ou quatre colonnes de cases vides en face des prénoms (semaine des gommettes rondes, des carrées, des triangulaires...).

## Principe

Apprendre à utiliser un cahier en autonomie. (Cette activité s'adresse plus particulièrement aux enfants de moyenne et de grande section.)

## Travail préparatoire

Parlez de ce cahier aux parents lors de la réunion de rentrée. Précisez bien les objectifs. Précisez aussi que c'est l'enfant qui décide ce qu'il y met ou pas. Demandez une autorisation signée pour faire des photos.
Il ne reste plus qu'à choisir un cahier. Préférez un grand cahier (21 x 29,7) à spirales. Le cahier épaississant assez rapidement en raison des collages, limitez-vous à 100 pages, quitte à fournir un autre cahier si nécessaire. Prévoyez également un protège-cahier et un sac imperméable par enfant (pour transporter le cahier et le maintenir en bon état).
Enfin, il est nécessaire de prévoir un rangement dans la classe pour que les enfants sachent toujours où se trouve leur cahier.
Achetez un appareil jetable de 24 ou 36 pauses en fonction du nombre d'enfants de la classe.

### Points forts

**L'enfant se raconte et s'extériorise.**

**C'est une clé pour comprendre et utiliser les fonctions de l'écrit.**

**Cela constitue la mémoire de l'enfant et de sa vie au sein du groupe classe.**

**Cela permet de mesurer le chemin parcouru, de constater que l'on grandit.**

**C'est une œuvre individuelle.**

**La vie des enfants est prise en compte dans sa globalité (à l'école mais aussi à l'extérieur de l'école).**

**C'est un travail de longue haleine.**

## Déroulement

**1.** Pendant toute une semaine, l'appareil photo que vous aurez acheté est mis à la disposition des enfants, en libre-service. Les enfants choisissent chacun, quand ils le veulent, une situation de classe qu'ils ont envie de photographier. Le contrat est le suivant : une seule photo par enfant. Lorsque toutes les photos ont été prises, on fait développer la pellicule. Chacun doit alors retrouver la sienne. Qu'est-ce qu'on en fait ? Comment pourrait-on la garder, sans la perdre, sans l'abîmer ?

**2.** Vous distribuez les cahiers. Chaque enfant va coller « sa » photo dans « son » cahier.

**3.** Provoquez une discussion avec les enfants : « On va pouvoir garder ainsi des souvenirs de toutes sortes ». Montrez que ce cahier va leur permettre de collecter individuellement tout ce qu'ils souhaiteraient conserver : un beau dessin, un joli coloriage, une belle feuille colorée ramassée dans la cour, etc. Précisez que ce cahier leur appartient en propre. Ce sont eux qui vont le gérer à leur manière. Ainsi, vous mettez les cahiers à disposition (emplacement précis) et les enfants – quand ils le désirent et s'ils le désirent – vont y coller ce qu'ils ont personnellement choisi. Ce cahier peut être emporté à la maison (car la vie de l'enfant ne s'arrête pas à la porte de l'école), mais il doit revenir. À la maison, c'est le même principe, l'enfant peut compléter son cahier au gré de ses humeurs et de ce qu'il vit (photo de son petit chat, ticket d'entrée d'un spectacle qu'il a particulièrement aimé... carte postale reçue, etc.).

**4.** Vous pouvez organiser le « coin des cahiers secrets » de la classe avec les enfants. Pensez à mettre en permanence à leur disposition ciseaux, colle, photocopies diverses (jeux, coloriage, etc.). Avec les plus grands, ajoutez des modèles de mots écrits et affichés (mots de référence en lien direct avec la vie de la classe).

**5.** Quand il le désire (s'il termine un travail plus tôt que les autres, par exemple), chaque enfant met son cahier à jour, en autonomie.

## Principe

Mettre en place un carnet d'évaluation assez simple pour que chaque enfant puisse l'utiliser en autonomie (cette activité s'adresse plus particulièrement aux classes de moyenne et grande section).

## Travail préparatoire

Commencez par expliquer aux enfants qu'ils vont avoir un carnet d'évaluation, que ce sera le leur et qu'il sera différent du vôtre.
Dans ce carnet les enfants seront chargés de préciser ce qu'ils sont capables de faire ou croient savoir faire. Ils pourront donc le remplir comme ils le souhaitent.
Il y aura nécessairement des moments de discussion avec vous, en cas de désaccord, mais en aucun cas vous n'interviendrez directement sur le carnet pour transformer ce que l'enfant a écrit.
Une fois ces règles précisées, achetez des petits carnets que vous distribuez aux enfants (un par élève).
Faites ensuite des fiches de savoir-faire au format du carnet. Les fiches peuvent prendre la forme de photocopies d'exercices de graphismes réussis, ou de photos d'actions (un enfant nouant ses lacets).

### Points forts

**Les enfants comprennent l'utilité d'une évaluation.**

**L'enfant développe sa capacité à s'évaluer.**

**Cela développe la confiance en soi.**

**Les enfants mesurent leurs progrès.**

**Il peut y avoir un dialogue enfant/enfant sur les carnets.**

**C'est une évaluation positive (puisque l'enfant colle uniquement les fiches des savoir-faire qu'il pense maîtriser).**

**Cela permet la mise en place d'une pédagogie différenciée.**

**C'est stimulant.**

## Déroulement

**1.** En fin de quinzaine, à un moment précis et repéré dans la journée, l'enfant choisit les fiches de savoir-faire qu'il pense pouvoir coller dans son carnet.

**2.** Vous instaurez un moment de dialogue (quand, par exemple, un enfant a fini son travail) et vous échangez avec lui sur ce qu'il est possible de mettre dans son carnet par rapport à ce travail.

**3.** Si vos points de vue divergent, il faut provoquer une véritable discussion : Comment faire pour trouver une solution ? Vérification ? Modification dans le carnet ?
La solution idéale passe toujours par l'enfant. Peut-être est-il alors nécessaire de lui faire formuler ce qu'il a encore besoin d'apprendre pour réussir ce travail ?
Par exemple : « En graphisme, je n'arrive pas à faire une étoile parce que je n'arrive pas à faire croiser mes traits au milieu (en un seul point) ». Envoyez alors l'enfant observer comment d'autres s'y prennent.

L'enfant verbalise ce qu'il a observé et recherche une solution pour réussir à son tour. Il peut, par exemple, proposer de partir d'un point central et d'organiser ensuite ses tracés en étoile.
On passe ainsi, insensiblement, de la notion d'évaluation à celle d'objectif à atteindre : l'évaluation suivante deviendra une sorte de bilan.
Cette démarche autonome est essentielle pour avancer et progresser.

### Prolongements et variantes

– Se reporter dans la même collection au titre *L'enfant citoyen* et à la fiche « Le jour des savoir-faire », pour une version en commun de ce genre d'évaluation.

– Les enfants emportent régulièrement à la maison le carnet une fois validé par vous-même.

## Principe

Mettre en place des situations pour que l'enfant puisse expérimenter l'univers qui l'entoure et découvre progressivement les limites de l'autonomie dont il peut disposer sans danger.

## Travail préparatoire

Profitez d'un moment festif et exceptionnel (réalisation de crêpes par exemple) pour mettre en place un travail autour de l'autonomie et de la sécurité.

### Points forts

**Il s'agit d'éducation à la sécurité au sens large.**

**On parle de la sécurité de façon concrète, ce qui est toujours un peu difficile à faire en maternelle (limites imposées par les textes officiels).**

**C'est un travail de responsabilisation.**

**Les enfants apprennent à utiliser les objets correctement et à maîtriser leurs gestes. Cela permet de développer l'habileté (à travers le montage et le démontage des objets, par exemple).**

**C'est une activité d'apprentissage gratifiante car on maîtrise progressivement son cadre de vie.**

**Cela permet de vraies découvertes scientifiques (éléments conducteurs de la chaleur, état solide, liquide, etc.).**

## Déroulement

Les enfants rassemblent les ingrédients, déchiffrent la recette des crêpes et réunissent les différents outils nécessaires à sa réalisation.
Il s'agit alors de montrer les manipulations qui évitent les petites catastrophes et les gestes qui évitent les grosses (repérer les risques, nommer les dangers).

### 1. Le batteur électrique

Montrez aux enfants comment mettre le batteur en marche, comment le maintenir, etc. Faites-leur préciser tout ce qui peut être dangereux et faites-leur formuler la bonne utilisation de cet outil.

### 2. La louche

Comment la tenir, comment verser avec. Les enfants apprennent à maîtriser leur geste et à contenir leurs mouvements.

### 3. La plaque électrique

Comment la mettre en route ? Comment savoir quand elle chauffe (voyant lumineux) ?
Montrez que tout est chaud sauf le bouton de mise en route.
Faites comparer avec d'autres ustensiles de cuisine (casseroles, par exemple : le manche en bois ou en plastique n'est pas chaud, mais le métal l'est).
Rappelez qu'il ne faut jamais utiliser la plaque hors de la présence d'un adulte.

Procédez avec autant de précision dans les détails pour tous les outils et toutes les étapes de la réalisation, sans oublier le moment de la vaisselle, où l'on pourra parler des symboles de danger portés sur les produits de lavage.

**Prolongements et variantes**

Ce travail peut être mené à partir d'autres activités : bricolage, arts plastiques..., à l'intérieur ou à l'extérieur de l'école. Par exemple, lors d'une sortie, les enfants découvrent les panneaux de circulation.

## Principe

Mettre en place une certaine autonomie de déplacement des enfants dans la classe, l'école et plus tard en grand groupe dans le quartier.

### Points forts

**L'enfant apprend à maîtriser l'environnement proche puis, progressivement, de plus en plus lointain.**

**L'enfant est responsabilisé et fier de ce qu'il est amené à faire.**

**Cela permet un travail de confiance.**

**Il y a du plaisir dans l'acquisition d'une certaine liberté.**

**Il y a du plaisir à porter le signe distinctif qui autorise à se promener dans l'école.**

## Travail préparatoire

Les enfants sont parfois amenés à se déplacer seuls dans les locaux de l'école pour remplir une mission (aller chercher l'ATSEM ou aller porter un message dans une autre classe). Cela peut poser des problèmes car, en principe, les enfants ne sont pas autorisés à déambuler dans les couloirs de l'école (pour des raisons de sécurité) et sont donc rappelés à l'ordre par les adultes qu'ils croisent.
Pour résoudre ce problème, mettez en place, avec les enfants, un moyen de repérer les déplacements qui relèvent d'une mission...
Commencez par choisir ensemble un signe distinctif (casquette, lampe frontale, écharpe, talkie-walkie, veste...). Parmi le lot de signes possibles, vous pouvez même en sélectionner deux !

## Déroulement

**1.** Reprécisez le principe en grand groupe : à quoi sert le « déguisement » choisi ? Pourquoi en a-t-on besoin ?

**2.** Emmenez les enfants faire des visites et rencontrer

le personnel de l'école. Apprenez-leur à nommer les gens et à se repérer dans l'espace.
Après ces différents déplacements, provoquez un moment de verbalisation pour faciliter la mémorisation.

**3.** Avec les petits et les moyens, faites des photos des différents lieux que vous afficherez en classe en les replaçant les unes par rapport aux autres, pour restituer l'espace dans sa globalité.
Demandez aux plus grands de réaliser un plan de l'école, par petits groupes. Faites confronter les réalisations et vérifier sur place, pour aboutir à un plan qui fera le consensus.
Ajoutez à ce plan ou au tableau des photos, un trombinoscope du personnel de l'école. Faites préciser qui se trouve à chaque endroit.

**4.** Lors des premiers déplacements, vous serez le guide. Ensuite vous laisserez votre place aux enfants, à tour de rôle.

**5.** Proposez ensuite des jeux par deux : il s'agit par exemple, de retrouver l'ATSEM dans une classe ou d'aller porter quelque chose à une maîtresse, etc.
Enfin donnez aux enfants des missions individuelles selon les besoins (aller chercher une boîte de craies, transmettre un message...). Pour cela l'enfant met le costume choisi au départ.

**6.** Organisez des services de l'autonome. On porte la casquette toute la journée, par exemple. Le porteur de la casquette peut aussi se choisir un « collègue ».

### Prolongements et variantes

– Avec le groupe classe, dans le quartier, les enfants apprennent en votre présence à demander un renseignement dans la rue.

– Avec les plus grands, vous pouvez regarder ensemble un plan de la ville. Où se trouve la maison ou l'appartement de chacun ?

– Invitez les enfants à raconter différents parcours (de la maison à l'école par exemple).

## Principe

Mettre en place dans la classe une habitude d'entraide spontanée entre les enfants.

## Travail préparatoire

Il n'y a pas vraiment de travail préparatoire pour cette activité. Essayez de repérer le domaine dans lequel chaque enfant se sent particulièrement à l'aise.
Au fil de la journée de classe, soulignez le plus souvent possible, devant tous les enfants, les actions réussies de chacun.

### Points forts

**C'est une source de communication.**

**Cela permet la mise en place de relations complices et la création d'amitiés fortes.**

**C'est le début de la citoyenneté.**

**Tout le monde est valorisé grâce aux compétences nécessairement diverses d'un enfant à l'autre.**

**Cela participe à la mise en place d'un climat de confiance.**

**De nombreuses activités peuvent se dérouler sans vous, ce qui vous permet de vous rendre plus disponible pour certains enfants qui en ont besoin.**

## Activités

**1.** Soulignez les situations d'entraide spontanée.
Par exemple : un enfant aide un autre enfant à retrouver son étiquette-prénom ou à nouer ses lacets, ou encore à grimper en haut de la tour, en gymnastique, etc.
Il s'agit de valoriser le geste spontané.

**2.** Lorsqu'un enfant est confronté à une difficulté : ranger, terminer un puzzle, etc. proposez-lui d'aller chercher de l'aide autour de lui ou demandez à la cantonade : « Qui veut l'aider ? »

**3.** Pour provoquer encore le besoin d'entraide, mettez les enfants face à une activité nouvelle et pas forcément facile. Comment faire pour réussir ?
Il faut s'entraider.

**4. Le jeu des manteaux**
Vous disposez tous les manteaux des enfants au centre du couloir.
Attention, au « Top départ », les enfants mettent leur manteau le plus vite possible.
Le chronométrage peut se faire à l'aide d'une musique que les enfants connaissent bien.
Tous les manteaux doivent être enfilés, boutonnés, attachés... lorsque la musique est finie.
Montrez que les enfants ne peuvent réussir qu'à condition de s'entraider (pour retrouver les manteaux, pour les enfiler, les attacher...).

### Prolongements et variantes

– Valorisez l'entraide de classe à classe : les grands aident les plus petits, ils leur montrent comment faire.

– Vous pouvez aussi organiser un décloisonnement avec l'école élémentaire. Par exemple un spectacle de danse : les plus grands de l'école élémentaire (les CM2) dansent avec les plus petits de la maternelle. Travail de portés, confiance...

## Principe

Mettre en place une activité permettant que les enfants prennent en charge la totalité d'un projet et de sa réalisation. Le projet doit être valorisé et sa difficulté soulignée... même si elle n'est pas énorme.

## Travail préparatoire

Cette fiche renvoie à un atelier autonome permanent et non à une activité ponctuelle.
Regroupez des fiches de bricolage, travaux manuels, graphisme (on en trouve dans de nombreux magazines qui s'adressent plus particulièrement aux enfants) de façon à constituer un fichier ressource à disposition de vos élèves.
Réunissez un maximum de matériel et faites-en un inventaire personnel (en vous inspirant des différentes fiches réunies).
Attention : quelques outils ou matériaux doivent manquer (prévoir de ne pas tout prévoir !).

### Points forts

**Il s'agit d'un projet personnel.**

**Cela provoque de nombreuses situations de dialogue.**

**Cela permet aux enfants de travailler sur l'anticipation.**

**Cela développe l'esprit d'initiative et d'organisation.**

**L'enfant apprend à gérer le temps nécessaire à la réalisation de son projet ainsi que le matériel dont il peut avoir besoin.**

## Déroulement

**1.** Les enfants rêvent toujours d'emporter dessins et réalisations à la maison. Proposez-leur de créer un atelier spécifique qui sera ouvert en autonomie (au moment de l'accueil ou quand leur travail est fini, etc.), et dans lequel ils pourront s'ils le souhaitent réaliser un cadeau à emporter chez eux.

**2.** Mettez le fichier ressource à la disposition des enfants.
Ils le feuillettent librement, lisent les fiches et éventuellement en choisissent une.

**3.** Lors d'un moment de regroupement, chacun dit ce qu'il a choisi de fabriquer puis donne alors la liste de tout ce dont il a besoin pour y parvenir. Toute la classe participe : « Tu peux trouver ça ici, ou là... ». (Si plusieurs enfants ont choisi de fabriquer la même chose, ils recherchent des matériaux ensemble.)

**4.** Lorsque les enfants repèrent un matériau manquant, ils doivent envisager un travail personnel de recherche : où trouver ce matériau ? (dans une autre classe ? à la maison ? dans la forêt ? etc.). Et si ce matériau n'est pas facile à trouver, comment le remplacer ?
Les autres enfants peuvent alors venir en aide à celui qui cherche en lui faisant diverses suggestions.
Éventuellement, lors d'une sortie collective, un groupe d'enfants peut être envoyé dans un magasin en compagnie de l'ATSEM, pour faire des courses.

**5.** Une fois le matériel nécessaire réuni, les enfants réalisent leur objet en autonomie.
Ils peuvent y travailler quand ils le souhaitent selon leur temps libre.
Pour faciliter le rangement des différents matériaux et outils, prévoyez des boîtes individuelles (boîte à chaussures, par exemple) et des boîtes collectives où seront regroupés les outils indispensables à plusieurs enfants.

**6.** Lorsque l'objet est terminé, les enfants emballent leur cadeau. On peut alors l'emporter et en commencer un autre.

**Prolongements et variantes**

Il est possible de proposer le même type d'activité avec la cuisine. Par exemple, chacun choisit une recette qu'il souhaite réaliser pour le goûter de la classe et prévoit le jour où il va se mettre à l'œuvre. Ensuite, c'est le même principe : lister les ingrédients nécessaires et les ustensiles indispensables ; se les procurer et se mettre à la tâche. Les enfants peuvent aussi travailler en petits groupes. Même chose pour l'organisation d'un parcours de gymnastique, par exemple.

## Principe

Rendre les enfants capables d'utiliser des fiches techniques adaptées (mode d'emploi pour jeux de construction ou jeux de repérage, etc.) et d'en créer eux-mêmes.

## Travail préparatoire

Commencez par réunir des jeux de constructions comportant des indications de montage simples (au départ, choisissez des petits objets à réaliser, avec un seul objet par fiche).

### Points forts

**C'est vraiment utile pour les enfants.**

**Ils deviennent maîtres d'œuvre et inventeurs.**

**Ils travaillent leur graphisme et apprennent à utiliser des symboles.**

**C'est une activité de codage et de décodage.**

**C'est aussi une vraie situation de communication.**

**La validation de la fiche se fait d'elle-même, sans qu'il y ait un sentiment définitif d'échec. Au contraire cela permet une piste de retravail immédiate (c'est interactif !)**

**Cette activité comporte une dimension ludique importante.**

## Déroulement

**1.** Les enfants manipulent librement et individuellement une boîte de jeu pour réaliser ce qui est indiqué sur la fiche.

**2.** Chaque enfant montre ensuite aux autres ce qu'il a pu réaliser et la fiche qui lui a permis de le faire. Il explique sa démarche... Si des erreurs sont repérées dans le résultat final, on cherche ensemble les raisons et les solutions.

**3.** Lorsqu'un enfant est en difficulté par rapport à la réalisation d'un objet, il peut faire appel à un camarade volontaire pour l'aider (tutorat, entraide).

**4.** Lorsque cette activité est bien mise en place pour tous, proposez aux enfants de construire un nouvel objet (en limitant le nombre de pièces), puis d'inventer sa fiche technique. Pour cela, ils prennent l'exemple de fiches existantes.

**5.** Une fois la fiche réalisée, on procède à la validation mutuelle, deux par deux. L'objet de référence est caché, l'enfant doit le réaliser uniquement à partir de la fiche élaborée par son camarade. On compare les deux objets obtenus (modèle de référence et modèle réalisé à partir de la fiche) ou on procède à une validation tous ensemble.

### Prolongements et variantes

– Proposez aux enfants d'inventer ensemble des jeux d'extérieur collectifs avec du matériel (blocs de mousse, plots, etc.). Ils transmettent ensuite les règles aux enfants d'une autre classe. Pour cela ils utilisent des dessins, des symboles : ronds, flèches, etc., et dictent éventuellement le complément à l'adulte.

– Montrez d'autres modes d'emploi (enfants et d'adultes).

## Principe

Bâtir avec les enfants des outils de référence et leur apprendre à les utiliser.

## Travail préparatoire

Préparez plusieurs classeurs ou fichiers :
un pour les activités de graphisme,
un pour les activités de lecture (prénoms),
un pour les installations de gymnastique, etc.

### Points forts

**Les enfants fabriquent leurs propres outils.**

**On part vraiment de ce que savent faire les enfants.**

**C'est une activité de tri, de codage, de repérage et de recherche.**

**Cela provoque des situations de communication et favorise les échanges de savoirs.**

**La présence de l'enseignant devient de moins en moins indispensable.**

**C'est stimulant pour les enfants et facteur d'invention.**

## Déroulement

**1.** Les classeurs se remplissent au fur et à mesure des réalisations des enfants. Par exemple : le rond, l'étoile, la boucle particulièrement réussis sont photocopiés et collés dans le classeur de graphisme ; ou les prénoms des enfants de la classe sont collés en face des photos correspondantes (il est possible de travailler à partir de photocopies des photos) ; ou encore le parcours de gymnastique est codé par les enfants (ou photographié pour les petites sections) ; etc.

**2.** Les enfants vont chercher, dans les classeurs qui conviennent, des réponses, des éléments qui leur manquent ou des idées.

**Le classeur de graphisme :** les enfants peuvent, par exemple, aller y piocher des idées pour décorer la couronne des rois.

**Le classeur des prénoms :** pour retrouver un prénom (par exemple pour écrire une histoire), on se sert du classeur comme d'un dictionnaire (grâce à la photo).

**Le classeur de la gymnastique :** aujourd'hui, on va faire de l'escalade. Les enfants retrouvent toutes les fiches qui peuvent servir à l'activité et installent le matériel (avec votre aide ou celle de l'ATSEM pour les plus jeunes).

**Le classeur des mots connus :** il s'agit de créer un outil de référence pour le capital de mots de la classe. Cet outil met en regard mot écrit et illustration. Il devient un dictionnaire qui fonctionne sur le principe de l'imagier.

**Le classeur de mathématiques :** il sert d'outil de référence pour les chiffres et la numération, les notions de topologie, etc.

**Le classeur des chansons :** les chansons, comptines et poèmes appris en classe ou produits par les enfants y sont répertoriés. Dans les moments de temps libre, les enfants peuvent utiliser le classeur des chansons pour chanter ensemble en petits groupes sans votre aide.

## Principe

Faire construire aux enfants une œuvre collective née de la réunion des œuvres singulières de chacun, de façon à souligner l'harmonie qui doit s'établir entre la personnalité autonome de chacun et la vie du groupe.

## Travail préparatoire

Commencez par emmener les enfants en visite dans le quartier ou le village, en soulignant la particularité des maisons (jardins, balcon, toit comme ci ou comme ça, volets, cheminée, etc.). Repérez aussi les maisons spéciales (poste, gare, boulangerie, école, etc.). De retour en classe, les enfants réalisent des dessins et racontent ce qu'ils ont vu et aimé.
Vous pouvez aussi leur montrer différentes photos de villages particuliers (alsacien, breton, etc.)
Proposez-leur maintenant de réaliser un village selon leurs goûts. Il s'agit de faire un choix collectif et d'aboutir à un projet commun. Les enfants répertorient alors les différents matériaux possibles : pâte à modeler, terre, carton (boîtes d'allumettes ou à chaussures), papier (découpage, collage), etc., puis ils réunissent le matériel nécessaire.
Installez un large plateau bien stable, posé sur un socle à une hauteur qui permette aux enfants d'atteindre le centre sans difficulté : quelques parpaings feront l'affaire. Recouvrez ce plateau d'une nappe de papier blanc.

### Points forts

**Les enfants découvrent leur propre particularité et apprennent à la préserver tout en la mettant au service du groupe.**

**Ils affirment leur personnalité pour le bien de tous.**

**Chacun est amené à expliquer ses choix et ses goûts et à découvrir ceux des autres.**

**C'est de la diversité des apports individuels que va se constituer l'œuvre commune.**

**C'est une éducation à la citoyenneté.**

**Il y a du plaisir à mener un travail de longue haleine.**

**Il y a du plaisir et de la satisfaction à construire « sa maison ».**

## Déroulement

### 1. Le projet

En grand groupe, organisez un temps de parole collectif. On va construire un village tous ensemble, mais chacun fera sa maison. Chacun décrit la maison qu'il aimerait faire.

### 2. Le plan

Individuellement, chacun dessine son projet. On peut repartir des dessins effectués après la visite ou s'aider des photos des différents villages régionaux. On confronte ensuite les réalisations en grand groupe. Les projets peuvent alors s'enrichir des suggestions des autres.

### 3. La construction

Chacun pioche dans la réserve de matériaux pour construire sa maison. On peut même s'entraider, mais en respectant le projet de chacun.

### 4. Le village

Lorsqu'un enfant a fini, il vient installer sa maison sur la grande table. Quand toutes les maisons sont là, on trace au gros marqueur les routes qui vont les relier. Puis on dessine les jardins, les fontaines, etc. On peut aussi ajouter des éléments naturels : cailloux, mousses, branchages...

### Prolongements et variantes

– On fait visiter le village aux autres classes, aux parents.

– On invente l'histoire qui se passe dans le village.

– On réfléchit sur la vie du village : manque-t-il des maisons essentielles ? Comment vont faire les habitants s'il n'y a pas de garage ? etc.

– Il est possible de proposer ensuite un travail sur les différents métiers et la communauté de vie que représente un village.

– Travail documentaire : les villages du monde (forme et matériaux des maisons, organisation : villages africains, villages sur pilotis, en terrasses...).